für ....

von ....

Ellen Sonntag

Was ich dir wünsche gute Besserung

Ich wünsche dir,

dass du dich bald wieder besser fühlst und schnell gesund wirst. Du sollst wissen, dass ich an dich denke und dir von ganzem Herzen gute Besserung wünsche.

Auch wenn dein Weg

dir momentan eher steinig erscheint,

wünsche ich dir, dass du dir den Blick

für die kleinen Freuden bewahrst.

Ich wünsche dir,

dass du dich verwöhnen lässt,
aber dich auch gut um dich selbst
kümmerst. Gönn dir die Ruhe,
die du jetzt brauchst, um wieder
ganz gesund zu werden.

Ich wünsche dir, dass du gerade jetzt, wo es dir nicht so gut geht, spürst, dass du nicht alleine bist. Und manch ein Schutzengel begegnet dir vielleicht auch in Menschengestalt …

Ich wünsche dir, dass du dich nicht langweilst, sondern viele unterhaltsame Möglichkeiten findest, dir die Zeit zu vertreiben: ein spannendes Buch, eine schöne CD, Besuch von Freunden oder die DVD, die du schon so lange anschauen wolltest.

Wenn du ins Grübeln kommen solltest,
wünsche ich dir, dass du es schaffst,
an Dinge zu denken, die dich aufbauen:
Schöne Erinnerungen, der Gedanke an
liebe Freunde oder den nächsten Urlaub
helfen uns, wenn wir ins Zweifeln geraten.

Dass die Vögel der Sorge
über deinem Haupt fliegen,
kannst du nicht hindern.
Aber lass sie keine Nester
in deinen Haaren bauen.

AUS CHINA

Auf Regen folgt wieder Sonnenschein!
Dass du nicht aufhörst, auf das Gute zu hoffen,
das wünsche ich dir.

Wende dein Gesicht der Sonne zu,
dann fallen die Schatten hinter dich.

AUS AFRIKA

Ich wünsche dir,

dass du deinen Appetit nicht ganz verloren hast, sondern es dir trotzdem schmecken lässt! Vitamine tun so gut …

Manchmal bist du vielleicht mutlos und weißt nicht weiter. In solchen Stunden wünsche ich dir ein Licht am Horizont, das die grauen Wolken in deinen Gedanken vertreibt.

Ich wünsche dir, dass du von Menschen umgeben bist, die an dich denken, mit dir fühlen und sich Zeit für dich nehmen.

Die Nähe eines geliebten Menschen ist die beste Medizin.

ERNST R. HAUSCHKA

Natürlich wünsche ich dir am allermeisten, dass du bald wieder gesund wirst. Für die Zeit, die es bis dahin noch zu bewältigen gilt, wünsche ich dir Geduld und Optimismus.

Auch wenn die äußeren Umstände

dich vielleicht gerade schwächen,

wünsche ich dir, dass du entdeckst,

wie viel Kraft doch in dir steckt.

Wenn es einen Glauben gibt,
der Berge versetzen kann, so ist es
der Glaube an die eigene Kraft.

MARIE VON EBNER-ESCHENBACH

Vielleicht möchtest du

manchmal am liebsten abtauchen, wenn du Schmerzen hast oder dir eine unangenehme Untersuchung bevorsteht. Ich wünsche dir, dass solche Situationen schnell vorübergehen und du sie bald vergessen kannst.

Ich wünsche dir, dass du auch jetzt sehen kannst, wie viel Gutes dir trotz allem geschenkt ist.

Ich wünsche dir,

dass du deine Zukunftspläne im Blick behältst, auch wenn du dich momentan eher angeschlagen fühlst. Du musst ja nicht gleich auf große Fahrt gehen! Aber die Zukunft gedanklich weiter zu verfolgen, gibt dir vielleicht wieder neuen Auftrieb …

Wie sich die Natur im Winter regeneriert, so wünsche ich dir, dass du die unfreiwillige Auszeit nutzen kannst, um wieder neue Kraft zu schöpfen. Und dann gut erholt wieder starten kannst!

Die Gedanken sind frei ...

Ich wünsche dir, dass du sie fliegen lässt

und spürst, wie sich die Lebensgeister regen.

Vielleicht planst du schon wieder den

ein oder anderen Höhenflug.

Wenn du helle Dinge denkst,
ziehst du helle Dinge an dich heran.

PRENTICE MULFORD

Vielleicht ist es noch ein längerer Weg, bis du wieder ganz fit bist.
Ich wünsche dir Ausdauer, Zuversicht und Mut, damit du möglichst bald gesund wirst.

Ich wünsche dir viel Geduld,

wenn es nur im Schneckentempo vorangeht, und dass du dich über jeden kleinen Fortschritt freust. Denn schließlich führen auch kleine Schritte zum Ziel.

Courage ist gut, Ausdauer ist besser.
THEODOR FONTANE

Ich wünsche dir Menschen,

die genau spüren, wenn du Hilfe brauchst.

Ich wünsche dir auch, dass du diese Hilfe

annehmen kannst, wenn du sie benötigst.

Dass du mit der Zeit erkennst,

dass dir diese Zwangspause auch
die Möglichkeit gibt, etwas für dich selbst
zu tun, das wünsche ich dir von Herzen.

Dass deine Kräfte sich entfalten,
du dich bald besser fühlst und wieder
optimistisch in die Zukunft blicken kannst,
das wünsche ich dir von Herzen!

Meine Wünsche für dich

In dieser Reihe sind bisher erschienen:

Was ich dir wünsche – zum Geburtstag
ISBN 978-3-86713-336-4

Was ich euch wünsche – für den Weg zu zweit
ISBN 978-3-86713-348-7

Was ich dir wünsche – gute Besserung
ISBN 978-3-86713-349-4

Was ich dir wünsche – für deinen Weg
ISBN 978-3-86713-376-0

Immer eine gute Geschenkidee: www.groh.de

Über die Autorin:
Ellen Sonntag, geb. 1963 in Berlin, ist Bibliothekarin mit Leib und Seele. Während ihres Erziehungsurlaubes entdeckte die dreifache Mutter ihre Freude am Schreiben. Neben ihrer Berufstätigkeit und ihrer ehrenamtlichen sozialen Tätigkeit schreibt Ellen Sonntag in ihrer Freizeit gerne Kurzgeschichten, meditative Texte und Gedichte.

Bildnachweis:
Titel, S. 3: Peter Dazeley/Getty Images (M); S. 4/5: Bruno Schäfer; S. 7: Rolf Blesch; S. 9: mauritius images/age; S. 11: mauritius images/MIZ; S. 13: iStockphoto/Diane Diederich; S. 15: Andreas Fischer/fotolia; S. 17: iStockphoto/Vitaliy Pakhnyushchyy; S. 19: G. Baden/zefa/Corbis; S. 21: Gerhard Eppinger; S. 23, Rückseite: iStockphoto/Annedore Liebs-Schuchardt; S. 24/25, 41: Jürgen Pfeiffer; S. 27: iStockphoto/Lukasz Kulicki; S. 29: Markus Zweigle; S. 30/31: Getty Images/Panoramic Images; S. 33: Getty Images/Nordic Photos/Jann Lipka; S. 35: Craig Tuttle/Corbis; S. 37: iStockphoto/Jerry McElroy; S. 39: iStockphoto/Dietmar Klement; S. 43: mauritius images/Artur Cupak; S. 45: A. Kompatscher/f1 online; S. 47: Joachim Heller

Textnachweis:
Wir danken allen Autoren bzw. deren Erben, die uns freundlicherweise die Erlaubnis zum Abdruck von Texten erteilt haben.

Idee und Konzept:
Groh Verlag. Das Werk einschließlich seiner Teile ist urheberrechtlich geschützt. Jede Verwertung außerhalb der engen Grenzen des Urheberrechtsgesetzes ist ohne Zustimmung des Verlages unzulässig und strafbar. Das gilt insbesondere für Kopien, Einspeicherung und Verarbeitung in elektronischen Systemen.

ISBN 978-3-86713-349-4
© Groh Verlag GmbH, 2010

Ein Lächeln schenken

Geschenke sollen ein Lächeln auf Gesichter zaubern und die Welt für einen Moment zum Stehen bringen. Für diesen Augenblick entwickeln wir mit viel Liebe immer neue GROH-Geschenke, die berühren.

In ihrer großen Themenvielfalt und der besonderen Verbindung von Sprache und Bild bewahren sie etwas sehr Persönliches.

Den Menschen Freude zu bereiten und ein Lächeln zu schenken, das ist unser Ziel seit 1928.

Ihr

Joachim Groh